고기가 없어도 맛있어

고기가 없어도 맛있어

김미주 지음

너무 쉬운 그림 요리책

팜파스

prologue

고기가 없는 식사에 대해서 생각해본 적이 있나요?

사실 저는 채식주의자가 아니에요. 오히려 밥상에 고기가 없으면 무언가 부족하다고 느끼는 사람 중 한 명이죠. 그러던 어느 날 문득, '하루에 한 끼 정도는 고기가 없는 식사를 해보면 어떨까?'라는 생각을 하게 되었어요.

매끼 고기를 먹으면 속이 더부룩해져 부담될 때도 있는 데다, 영양소를 골고루 섭취하지 않아 비만이 되어 건강도 안 좋아지죠. 그렇다고 극단적으로 채식을 하면 오랫동안 지키기도 어렵고, 영양 불균형으로 건강에도 무리가 가요. 어렵지 않게, 하루에 한 끼 정도 의식적으로 고기를 줄이는 식사를 하는 것만으로도 건강에 도움이 되고 활기찬 생활을 할 수 있어요. 채소로만 만든 음식은 맛이 없을 것이라는 생각도 잠시, 채소의 맛 하나하나를 느끼다 보면 그동안 미처 느끼지 못했던 새로운 맛을 느끼기도 한답니다.

채소 요리는 맛없고 요리하기 어렵다는 편견은 이제 그만!

냉장고 속에서 한 번쯤 봤을 법한 친근한 채소들을 이용해 요리 초보도 할 수 있는 간편하지만 맛있는 채소 요리 레시피를 준비했어요. 그동안 하루 한 끼 고기가 없는 식사를 실천하며 만들어본 여러 가지 요리 중 가장 활용도가 높고, 만들기 쉽고, 맛있었던 요리들이에요. 고기가 없어도 맛있게 즐길 수 있는 브런치부터 든든하게 배를 채워줄 한식 요리와 즐거운 홈파티를 위한 홈스토랑 요리까지!

단순하게 다이어트가 아닌, 유행이 아닌, 정말 나 자신을 위한 간편하고 오랫동안 먹을 수 있는 맛있는 채소 요리들. 하루 한 끼 고기 없는 식사를 위해 일상에서 어렵지 않게 실천 가능한 채소 요리를 그림과 함께 만나보세요!

contents

고기가 없어도 괜찮아!

홈카페 요리

PART 1

샐러드

샌드위치 & 토스트

브런치

PART 2

고기가 없어도 든든해!

한식 요리

한식 반찬

한 그릇 요리

한식 별미

고기가 없어도 충분해!

홈스토랑 요리

PART 3

채소 요리와 함께하면 좋은

데일리 스트레칭

Daily stretching

건강을 위해 시작한 하루 한 끼 고기 없는 식사하기.
가볍고 건강한 식사와 함께 매일 10분씩 데일리 스트레칭을 해보면 어떨까요?
매일매일 반복하면 붓기도 빠지고 자세도 좋아져요.

1.

어깨 스트레칭

- 팔을 옆으로 뻗어준다.
- 다른 팔로 팔꿈치를 감아 가슴 쪽으로 10초간 당긴다.
- 반대쪽도 같은 방법으로 반복한다.

2.

골반 스트레칭

- 바닥에 바르게 앉아 양발의 발바닥을 맞댄다.
- 양손으로 발을 잡는다.
- 나비가 날아가는 모습처럼 무릎을 위아래로 움직인다.

3.

허리 스트레칭

- 엎드려 누운 자세에서 손을 가슴 양옆으로 가져온다.
- 복부의 힘으로 팔을 쭉 뻗어 상체를 들어 올린다.
- 10초 동안 유지한다.

4.

햄스트링 스트레칭

- 천장을 보고 바로 눕는다.
- 한쪽 다리를 곧게 펴고 손으로 허벅지를 잡는다.
- 10초 동안 유지한다.

5.

척추 스트레칭

- 천장을 보고 바로 눕는다.
- 다리 한쪽을 90도로 접어 반대쪽으로 들어 넘기고 시선은 다른 방향을 본다.
- 반대쪽도 같은 방법으로 반복한다.

고기가 없어도 괜찮아!

홈카페 요리

PART 1

고기가 없어도 괜찮은 홈카페 요리. 샐러드에 꼭 닭가슴살을 올리고, 토스트에 햄을 넣어야지만 맛있다고 생각하는 분들에게 추천하는 가볍지만 든든한 레시피예요. 채소 본연의 맛을 살려 더욱 맛있고, 소스와 다양한 조리법을 이용해 식감과 맛을 더 풍부하게 살린 데다 고기가 없어 부담스럽지 않아 라이트하게 즐길 수 있어요. 보통의 하루를 특별하게 만들어줄 건강한 홈카페 요리들. 한가로운 오후, 부담스럽지 않고 여유 있게 즐겨보세요.

샐러드

샐러드에는 꼭 닭가슴살이나 연어를 올려 먹는 분들에게 추천하는 배부른 샐러드 레시피. 채소와 과일의 풋풋한 본연의 맛을 살리고, 영양은 그대로 담았어요. 고기가 없어도 충분히 든든하고 맛있는 샐러드 요리를 즐겨보세요.

싱그러운 여름의 맛

수박 샐러드

01

여름이 오면 가장 생각나는 과일인 수박을 이용해 만든 샐러드. 달콤한 레몬꿀 소스를 이용해 단맛을 더하고, 치즈의 풍미가 더해져 풍부한 맛을 즐길 수 있어요. 입맛이 없어질 정도로 텁텁하고 더운 날, 청량하고 싱그러운 여름 한 조각을 즐겨보세요.

Ingredients

수박
(170g)

파프리카
(25g)

양파
(10g)

루꼴라
(10g)

리코타 치즈
(30g)

+ 소스

꿀 1.5스푼

올리브오일 2스푼

레몬즙 3스푼

소금 약간

후추 약간

Recipe

1

수박은 껍질은 제거한 후 한입 크기로 자른 다음, 냉장고에서 차갑게 보관한다.

2

양파는 얇게 채 썰고, 파프리카는 한입 크기로 자른다.

3

양파채는 찬물에 5분 이상 담가 매운맛을 빼고 물기를 제거한다.

4

접시에 수박, 루꼴라, 양파, 파프리카, 리코타 치즈를 올리고 소스를 뿌려주면 완성!

떠먹는 양배추 샐러드

02

코울슬로

어떤 음식과 함께 먹어도 궁합이 좋은 아삭한 식감의 양배추 샐러드. 많이 만들어 냉장고에 넣어둔 다음 먹으면 아삭한 식감이 더 풍부해져요. 모닝빵이나 식빵에 올려 먹으면 한 끼 식사로도 좋아요.

Ingredients

양배추
(80g)

당근
(20g)

양파
(20g)

옥수수 통조림
(40g)

소금

+ 소스

마요네즈 3스푼

홀그레인머스터드 1스푼

레몬즙 2스푼

식초 0.5스푼

설탕 1스푼

소금 약간

후추 약간

Recipe

1

양배추, 당근, 양파는 얇게 채 썬다.

2

볼에 양배추, 당근, 양파, 소금 약간을 넣고 섞어 15분간 절인 다음, 물기를 꼭 짜준다.

3

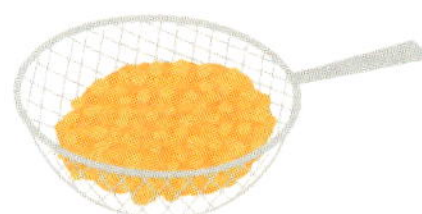

통조림의 옥수수는 체에 밭쳐 물기를 빼준다.

4

볼에 준비한 재료와 소스를 넣고 버무려주면 완성!

Tip.

모닝빵이나 식빵 위에 코울슬로를 올려 샌드위치로 즐길 수 있어요.

든든하게 즐기는 한 끼 샐러드

03

감자 샐러드

1년 내내 먹을 수 있는 친근한 채소, 감자. 계절마다 맛의 차이를 느낄 수 있는 감자를 으깨지 않고 포슬포슬한 식감을 살려 만들었어요. 감자의 맛을 더 풍부하게 느낄 수 있는 데다 든든해서 식사 대용식으로 먹기에 좋아요.

Ingredients

감자 1개
(200g)

달걀 1개

양파
(20g)

+ 소스

홀그레인머스타드 2스푼

마요네즈 1스푼

레몬즙 약간

Recipe

1

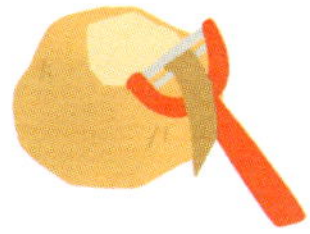

감자는 껍질을 벗기고 한입 크기로 자른 다음, 찬물에 10분 이상 담가 전분기를 빼준다.

2

냄비에 감자가 잠길 만큼 물을 붓고 15~20분간 삶아 완전히 익혀준다.

3

달걀은 완숙(끓는 물에 15분)으로 삶은 다음, 반으로 잘라 흰자와 노른자를 분리한다.

4

달걀흰자는 잘게 다지고, 양파는 얇게 채 썰어준다.

5

볼에 삶은 감자, 달걀흰자, 노른자, 양파채, 소스를 넣고 버무려주면 완성!

풍부한 영양을 그대로 담았어요

04

구운 뿌리채소 샐러드

다양한 뿌리채소를 구워 떫은맛은 없애고 땅의 영양은 그대로 담았어요. 본연의 맛을 담아내 깊고 아삭해진 식감은 입을 즐겁게 해주고, 단호박과 방울토마토로 풍부해진 색감은 눈을 즐겁게 해줘요. 자연의 맛을 있는 그대로 온전히 즐겨보세요.

Ingredients

연근
(100g)

우엉
(30g)

당근
(30g)

단호박
(100g)

방울토마토
(4알)

식초

+ 소스

올리브오일 3스푼

레몬즙 1스푼

꿀 1스푼

간장 2스푼

소금 약간

후추 약간

Recipe

1

연근과 우엉은 껍질을 벗긴 다음, 연근은 반달 모양으로, 우엉은 한 입 크기로 어슷하게 썰어준다.

2

찬물에 연근, 우엉, 식초 1스푼을 넣고 10분 정도 담가 아린 맛을 없앤 다음, 물기를 제거한다.

3

단호박은 전자레인지에 5분 동안 돌린 다음, 꼭지를 제거하고 반으로 갈라 씨를 파내고 껍질을 벗긴다.

4

단호박과 당근은 한입 크기로 자르고, 방울토마토는 반으로 갈라 준다.

5

에어프라이어에 손질한 채소를 전부 넣고 180도에서 10분 동안 구운 다음, 소스를 뿌려주면 완성!

차갑게 즐기는 상큼한 샐러드

05

우동 샐러드

입맛 없는 날 먹기 좋은 깔끔한 맛의 우동 샐러드. 면을 넣어 든든하고 자극적이지 않아 가볍게 먹기에도 좋아요. 색다른 음식을 즐기고 싶은 날, 깔끔하게 즐겨보세요!

Ingredients

우동면
(1인분)

양상추
(20g)

토마토
(40g)

+ 소스

간장 1스푼

식초 1스푼

참기름 1스푼

다진 마늘 0.5스푼

겨자 약간

Recipe

1

우동면은 끓는 물에 2분 동안 삶은 후, 찬물에 씻어 물기를 빼준다.

2

양상추, 토마토는 한입 크기로 잘라준다.

3

접시에 우동면, 양상추, 토마토를 담고 소스를 버무려 먹으면 완성!

풋풋하게 즐기는 이국적 샐러드

06

지중해식 파스타 샐러드

푸실리면과 블랙 올리브를 넣어 이국적으로 느껴지는 풋풋한 맛의 지중해식 파스타 샐러드. 한 끼 대용으로 먹기에도 든든하고, 피자나 파스타 같은 요리의 사이드 메뉴로도 안성맞춤이에요. 채소만 들어간 샐러드에 지쳐 색다른 맛을 찾고 있는 분들에게 추천해요.

Ingredients

푸실리면
(80g)

브로콜리
(40g)

오이
(50g)

양파
(5g)

토마토 1/2개

블랙올리브
(5g)

+ 소스

발사믹식초 4스푼

올리브오일 3스푼

레몬즙 1스푼

소금 약간

후추 약간

Recipe

1

푸실리면은 끓는 물에서 10분 동안 삶은 후, 찬물에 씻어 물기를 제거한다.

2

브로콜리는 한입 크기로 자른 다음, 끓는 물에 30초~1분 동안 데치고, 찬물에 씻어 물기를 제거한다.

3

양파는 얇게 채 썰고, 오이와 토마토는 한입 크기로 잘라준다.

4

볼에 파스타, 채소, 블랙올리브를 넣고 소스를 뿌려주면 완성!

FLEXITARIAN

샌드위치 & 토스트

간단한 간식 또는 도시락으로도 좋은 샌드위치와 토스트 레시피를 준비했어요. 고기가 들어가지 않아 가벼우면서도 든든한 샌드위치부터 한번 먹으면 자꾸 생각나는 자극적인 맛의 토스트까지 다양하게 즐겨보세요.

언제 먹어도 맛있는 아보카도 요리

01

과카몰리 오픈 샌드위치

으깬 아보카도에 토마토, 레몬즙 등을 섞어 만든 멕시코 소스인 과카몰리를 듬뿍 올려 만든 오픈 샌드위치. 재료만 있다면 간단하게 만들어 먹을 수 있어 만들기 쉬운 데다, 아보카도 특유의 느끼한 맛을 방울토마토와 레몬즙이 잡아줘서 상큼하게 즐길 수 있어요.

Ingredients

식빵

아보카도 1개
(200g)

방울토마토
(6알)

양파 1/4개
(25g)

레몬즙

버터

소금

Recipe

1

아보카도는 씨를 제거하고 과육만 분리해 그릇에 담아 숟가락으로 으깬다.

2

방울토마토 3알, 양파를 잘게 다진다.

3

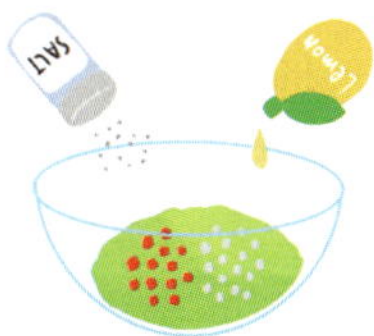

으깬 아보카도에 다진 토마토, 양파, 레몬즙 3스푼, 소금 약간을 넣어 과카몰리를 만든다.

4

마른 팬에 버터를 한 조각 올리고 식빵을 앞뒤로 구워준다.

5

구운 식빵의 한쪽 면에 3번의 과카몰리를 바르고, 반으로 가른 방울토마토를 올려주면 완성!

당근의 색다른 변신

02

당근라페 샌드위치

채소 요리인들이 가장 좋아하는 식재료 중 하나인 당근! 잘 절인 당근라페는 특유의 떫은맛이 없어지고 식감도 부드러워 당근을 싫어하는 사람들도 맛있게 먹을 수 있어요. 많이 만들어 냉장고에 차갑게 보관한 다음, 월남쌈이나 또띠아 랩, 김밥 등에도 넣어 먹을 수 있어 활용도가 좋아요.

Ingredients

- 식빵 2장
- 당근 1/2개 (100g)
- 양상추 (20g)
- 달걀 1개
- 크림치즈
- 소금

+ 소스

- 홀그레인머스타드 1스푼
- 올리브오일 3스푼
- 레몬즙 2스푼
- 설탕 1스푼
- 소금 약간
- 후추 약간

Recipe

1

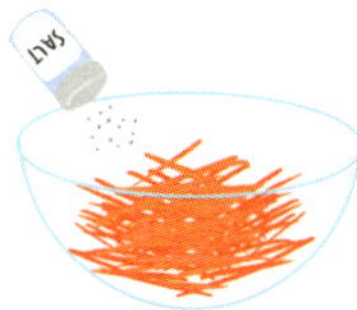

얇게 채 썬 당근에 소금 약간을 넣고 섞은 다음 15분 이상 재워준다.

2

절인 당근채는 물기를 꽉 짜주고 소스를 넣고 버무려 당근라페를 만든다.

3

양상추는 샌드위치용으로 잘라준다.

4

완숙 달걀프라이를 준비한다.

5

식빵의 한쪽 면에 크림치즈를 바르고 준비한 재료를 모두 올린 다음 다른 식빵으로 덮고, 반으로 잘라주면 완성!

구운 바나나의 매력

바나나 토스트

03

구운 바나나는 단맛이 풍부해지고 식감이 부드러워져서 더욱 달콤하고 진한 바나나의 맛을 즐길 수 있어요. 특히 견과류와의 맛 궁합이 좋아 고소함이 두 배로 진해져요. 구워서 더욱 진하고 풍부해진 바나나의 맛과 향을 토스트로 즐겨보세요.

Ingredients

식빵 1장

바나나 1개

호두 2알

크림치즈
(15g)

시나몬파우더

Recipe

1

바나나는 얇게 슬라이스하고 호두는 다져준다.

2

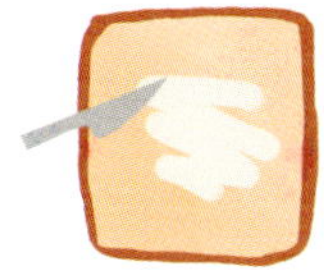

식빵의 한쪽 면에 크림치즈를 바른다.

3

슬라이스한 바나나를 올린 다음, 에어프라이어 180도에서 5분 동안 구워준다.

4

시나몬파우더와 다진 호두를 취향껏 뿌려주면 완성!

자꾸 손이 가는 자극적인 맛

04

옥수수 토스트

누구나 좋아하는 옥수수를 치즈와 함께 바게트에 올렸어요. 옥수수의 자극적인 단맛과 모짜렐라 치즈의 짠맛이 함께 어우러져 자꾸만 손이 가는 매력적인 맛이 일품이에요. 입이 심심하고 지루한 날, 자극적인 단맛이 당기는 날 추천해요.

Ingredients

바게트 2조각

옥수수 통조림
(50g)

모짜렐라 치즈

마요네즈

설탕

소금

후추

Recipe

1

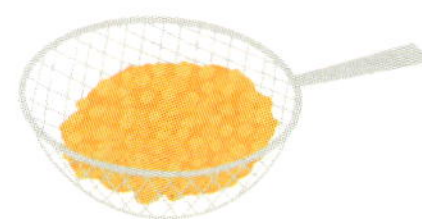

통조림의 옥수수는 체에 밭쳐 물기를 빼준다.

2

볼에 옥수수, 마요네즈 3스푼, 설탕 1스푼, 소금과 후추 약간을 넣고 버무린다.

3

바게트 위에 옥수수를 올리고 모짜렐라 치즈를 뿌려준다.

4

에어프라이어에 180도에서 7분 동안 구워주면 완성!

고소한 맛의 색다른 달걀빵

05

깻잎페스토 달걀빵

깻잎의 고소함을 즐기는 분들에게 추천하는 달걀빵 레시피. 머핀틀이 없다면 종이컵을 이용해 만들어도 괜찮아요. 남은 깻잎페스토는 용기에 담아 냉장실에서 일주일 정도 보관 가능하며, 달걀빵 이외에도 파스타나 리조또에도 잘 어울려 활용도가 높아요.

Ingredients

- 식빵
- 깻잎 15장
- 견과류
- 마늘 1알
- 파마산 치즈 가루
- 버터
- 올리브오일
- 소금

Recipe

1

깻잎은 흐르는 물에 깨끗이 씻은 다음, 듬성듬성 잘라준다.

2

믹서기에 깻잎, 견과류 1스푼, 파마산 치즈 가루 1스푼, 마늘, 올리브오일 120ml, 소금 약간을 넣고 갈아 깻잎페스토를 만든다.

3

버터 한 조각을 전자레인지에 30초간 돌려 녹인 다음 머핀틀의 안쪽 부분에 발라준다.

4

식빵은 가장자리를 잘라내고 밀대로 밀어준 다음, 머핀틀 안쪽에 그릇 모양으로 넣어준다.

5

달걀을 깨뜨려 넣고 포크나 이쑤시개를 이용해 노른자에 구멍을 내준다(구멍을 내주지 않으면 노른자가 폭발할 수 있어요).

6

깻잎페스토를 취향껏 올린 다음 에어프라이어에 160도에서 15분 동안 구워주면 완성!

FLEXTARIAN
RiCotta
CHEESE
SWEET CORN
OPEN

브런치

가볍게 먹을 수 있는 간식 브런치부터 배부르게 먹을 수 있는 한 끼 브런치까지! 집이나 마트에서 쉽게 발견할 수 있는 친근한 채소들을 이용해 색다른 브런치 요리를 만들어보았어요. 한가로운 오후 눈으로 한번, 입으로 한번 즐겨보세요.

초간단 브런치 메뉴

01

아스파라거스 오믈렛

아삭한 식감과 은은한 향이 매력적인 아스파라거스. 달걀을 톡 깨 넣어 모양도 맛도 예쁜 초간단 브런치로 만들어보았어요. 고소한 아스파라거스에 파마산 치즈 가루의 짭조름한 맛을 더해 맛까지 풍부해진 아스파라거스 오믈렛. 나른하고 심심한 오후, 간단하게 만들어보세요!

Ingredients

아스파라거스 5개

달걀 1개

파마산 치즈 가루

올리브오일

소금

Recipe

1

아스파라거스의 질긴 부분을 잘라낸다.

2

달군 팬에 올리브오일을 두르고 아스파라거스를 볶아준다.

3

아스파라거스 사이에 달걀을 깨뜨려 넣고 소금 한 꼬집을 뿌린 다음, 약한 불로 줄인다.

4

달걀노른자가 반쯤 익으면 접시에 담고 파마산 치즈 가루를 뿌려주면 완성!

달걀과 단호박의 맛있는 만남

02

단호박 에그슬럿

맛과 영양이 풍부한 단호박과 달걀이 만나 영양 가득! 맛도 모양도 예쁜 단호박 에그슬럿이 만들어졌어요. 하나만 만들어 먹어도 든든하고, 예쁘게 만들어 먹을 수 있어 기분까지 좋아져요.

Ingredients

미니 단호박

달걀 1개

모짜렐라 치즈

소금

후추

Recipe

1

단호박은 전자레인지에서 5분 동안 돌린 다음, 꼭지 부분을 자르고 숟가락으로 속을 파준다.

2

단호박의 안쪽에 달걀을 깨뜨려 넣고 포크나 이쑤시개를 이용해 노른자에 구멍을 내준다(구멍을 내주지 않으면 노른자가 폭발할 수 있어요).

3

소금, 후추 약간을 뿌린 다음, 모짜렐라 치즈를 취향껏 뿌려준다.

4

에어프라이어 180도에서 15분 동안 구운 다음, 먹기 좋은 크기로 잘라주면 완성!

포슬포슬 매력 듬뿍!

포테이토 스킨

03

브런치로도, 에피타이저로도, 사이드 메뉴로도 좋은 포테이토 스킨. 담백한 감자에 채소와 치즈를 곁들여 맛과 색감이 풍부해졌어요. 좋아하는 채소를 넣어 입맛에 맞게 즐겨보세요!

Ingredients

감자 3개
(300g)

파프리카
(30g)

양파
(15g)

모짜렐라 치즈

Recipe

1

감자는 껍질의 흙을 깨끗이 씻은 다음, 반으로 갈라준다.

2

냄비에 감자가 잠길 만큼 물을 붓고 20분 이상 삶아 완전히 익혀준다.

3

감자가 완전히 익으면 건져내 식힌 다음, 숟가락으로 속을 파낸다.

4

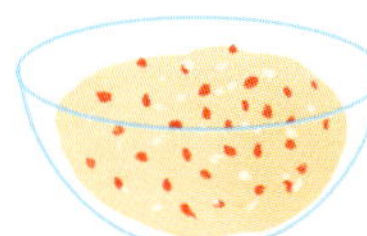

파프리카, 양파를 잘게 다진 다음, 감자 속과 함께 섞어준다.

5

감자의 안쪽에 4번의 감자 속을 담고, 모짜렐라 치즈를 취향껏 뿌린다.

6

에어프라이어 180도에서 7분 동안 구워주면 완성!

감자의 새로운 변신

04

감자 그라탕

생크림과 우유를 넣어 부드럽게 즐기는 따뜻한 한 끼 식사, 감자 그라탕. 구워 먹고 쪄 먹는 감자의 맛이 지겹다면 그라탕으로 한번 만들어 먹어보세요. 감자의 새로운 맛을 느낄 수 있어요.

Ingredients

감자
(170g)

양파
(40g)

마늘 3알

생크림

우유

모짜렐라 치즈

버터

소금

후추

Recipe

1

껍질을 벗긴 감자는 얇게 슬라이스하고, 양파는 채 썰고 마늘은 편으로 썰어준다.

2

달군 팬에 버터 한 조각을 올린 다음, 편마늘과 양파채를 넣고 볶아준다.

3

양파가 투명해지면 감자 슬라이스, 소금과 후추 약간을 넣고 볶아준다.

4

감자가 반쯤 익으면 약불로 줄이고 생크림과 우유를 1:1 비율로 넣고 졸여준다.

5

소스가 자작해지면 내열용기에 담고 모짜렐라 치즈를 취향껏 뿌려준다.

6

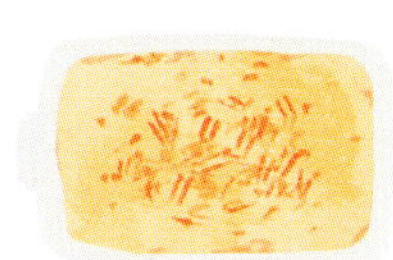

에어프라이어 180도에서 10분 동안 구워주면 완성!

영양 듬뿍 고소한 한 끼

05

버섯두유크림 리조또

고소한 맛이 일품인 버섯두유크림 리조또. 두유 한 팩을 그대로 넣어 영양을 살린 데다 양송이버섯이 듬뿍 들어가 풍미가 뛰어나요. 외식하는 느낌의 특별한 식사를 할 수 있고, 두유와 버섯을 싫어하는 아이들도 맛있게 즐길 수 있어요.

Ingredients

두유 한 팩
(190ml)

양송이버섯 4개

양파
(70g)

다진 마늘

슬라이스 치즈

달걀

소금

밥

Recipe

1

양송이버섯은 얇게 슬라이스하고 양파는 잘게 채 썰어준다.

2

달군 팬에 식용유를 두르고, 다진 마늘 0.5스푼을 넣고 볶아준다.

3

마늘 향이 올라오기 시작하면 버섯, 양파를 넣고 볶아준다.

4

양파가 반쯤 익으면 약한 불로 줄이고 두유, 밥 한 공기를 넣고 저어가며 끓여준다.

5

소스가 자작해지면 슬라이스 치즈 1장과 달걀노른자를 넣고 섞어가며 졸여준다.

6

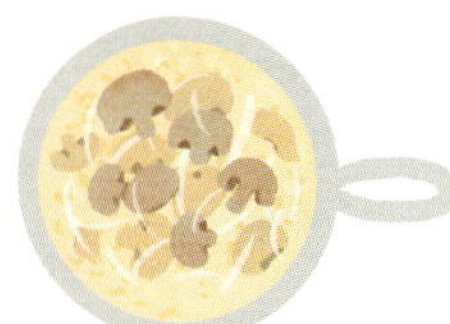

모자라는 간은 소금, 후추로 해주면 완성!

Tip.

취향에 따라 파마산 치즈 가루를 뿌려 먹으면 맛있게 즐길 수 있어요.

달달한 간식 한입

06

또띠아 호떡

치즈를 듬뿍 넣어 만든 홈메이드 간식, 또띠아 호떡. 다진 견과류와 치즈, 설탕의 만남이 고소하고 달콤한 호떡의 맛과 닮았어요. 취향에 맞게 좋아하는 견과류를 넣어 맛있고 즐겁게 즐겨보세요.

Ingredients

또띠아

견과류
(30g)

모짜렐라 치즈
(30g)

설탕

Recipe

1

견과류를 잘게 다져준다.

2

다진 견과류, 설탕을 2:1 비율로 섞어준다.

3

마른 팬에 또띠아 1장을 올린 다음 설탕, 견과류를 올리고 모짜렐라 치즈를 뿌려준다.

4

다른 또띠아로 덮어준 다음, 치즈가 녹을 때까지 약한 불에서 구워 먹기 좋은 크기로 잘라주면 완성!

고기가 없어도 든든해!

한식 요리

PART 2

고기가 없으면 든든하지 않다는 사람들에게 추천하는 한식 레시피. 건강한 집밥을 드시고 싶은 분들에게 일반식으로 특히 추천하는 레시피예요. 간단하게 먹을 수 있는 밥반찬부터 든든하게 먹을 수 있는 한 그릇 요리에, 특별하게 먹을 수 있는 별미요리까지 다양한 한식 채소 요리 레시피를 준비했어요. 고기가 없으면 배가 빨리 꺼진다는 생각은 이제 그만! 든든한 한식 채소 요리를 즐겨보세요.

한식 반찬

메인 메뉴로도 충분히 즐길 수 있는 다양한 한식 채소 반찬 레시피. 매일 먹어도 질리지 않아 데일리 반찬으로 유용하게 사용할 수 있는 레시피예요. 질리지 않는 건강하고 평범한 집밥을 먹고 싶은 날, 추천해요.

부드럽게 즐기는 한입

01

연두부달걀찜

연두부를 넣어 더욱 부드러워진 맛이 일품인 연두부달걀찜. 연두부의 부드러운 식감과 달걀찜의 포근한 맛이 잘 어울려요. 과하지 않은 아침 식사나 매일 먹는 기본 반찬으로 아주 좋아요. 좋아하는 채소를 넣어 맛있게 즐겨보세요.

Ingredients

연두부
(90g)

달걀 2개

당근
(15g)

참기름

소금

Recipe

1

당근은 잘게 다지고, 연두부는 한 입 크기로 잘라준다.

2

달걀 2개, 물 2스푼, 소금 약간을 넣고 섞어준다.

3

내열용기 안쪽 면에 참기름을 발라준다.

4

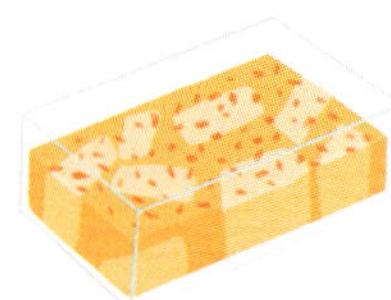

내열용기에 연두부와 달걀물을 넣고 다진 당근을 올린 다음, 랩으로 감싼 후 구멍을 3~4개 뚫어준다.

5

찜기에 20분 동안 찐 다음, 한 김 식힌 후 용기에서 꺼내 먹기 좋은 크기로 잘라주면 완성!

쫀득쫀득 맛있는 식감

02

묵말랭이볶음

쫀득한 식감이 매력적인 묵말랭이볶음, 건조 도토리묵인 묵말랭이는 그냥 도토리묵보다 훨씬 탱글하고 꼬들꼬들한 맛까지 추가되어 아주 매력적인 식재료예요. 탱글탱글 재미있는 식감을 느껴보세요.

Ingredients

묵말랭이
(100g)

당근
(30g)

양파
(70g)

청양고추 1개

굴소스

들기름

소금

통깨

+ 양념장

간장 3스푼

올리고당 3스푼

다진 마늘 1스푼

Recipe

1

뜨거운 물에 묵말랭이를 1시간 30분 이상 불린 다음 물기를 빼준다.

2

고추는 씨를 제거하고, 당근, 양파와 함께 채 썰어준다.

3

팬에 묵말랭이, 물 150ml, 양념장을 넣고 졸인다.

4

국물이 자작해지면 당근, 양파, 청양고추, 굴소스 1스푼, 식용유 1스푼, 소금 약간을 넣고 볶아준다.

5

양파가 투명해지면 들기름 1스푼, 통깨 약간을 넣고 빠르게 섞어주면 완성!

아삭한 매력

03

콩나물 잡채

고기 대신 아삭아삭 씹히는 콩나물을 듬뿍 넣어 만든 콩나물 잡채. 부드러운 당면과 아삭한 콩나물이 잘 어울리고, 고춧가루를 넣어 약간 매콤한 양념으로 콩나물의 색다른 매력을 만날 수 있어요.

Ingredients

- 당면 (100g)
- 콩나물 (100g)
- 부추 (20g)
- 당근 (30g)
- 양파 (50g)
- 참기름
- 통깨

+ 양념

- 간장 3스푼
- 다진 마늘 1스푼
- 고춧가루 1.5스푼
- 설탕 2스푼

Recipe

1

당면은 찬물에 담가 30분 이상 불려준다.

2

콩나물은 지저분한 부분을 제거한 다음, 끓는 물에서 2분 30초간 데치고 물기를 빼준다.

3

당근, 양파는 채 썰고, 부추는 5cm 길이로 잘라준다.

4

달군 팬에 불린 당면, 양념장, 물 100ml를 넣고 섞어가며 끓여준다.

5

양념장이 끓어오르면 콩나물, 당근, 양파를 넣고 볶아준다.

6

당근이 익으면 불을 끄고 부추, 참기름 1스푼, 통깨를 두르고 가볍게 볶아주면 완성!

두부와 호박의 특별한 만남

04

두부애호박찜

사찰음식으로 유명한 두부애호박찜. 따뜻한 두부의 부드러운 맛과 애호박의 아삭한 식감과 단맛을 한꺼번에 느낄 수 있어요. 건강한 식재료를 사용해 칼로리는 낮지만, 포만감은 높고, 모양도 예뻐서 부담 없이 즐길 수 있어요. 두부애호박찜을 만들고 남은 속재료는 달걀을 풀어 섞은 다음 부침개로 부쳐 먹어도 맛있어요.

Ingredients

두부
(70g)

애호박 1개
(300g)

새송이버섯
(20g)

당근
(10g)

들깻가루

전분가루

간장

소금

후추

Recipe

1

애호박은 3~4cm 두께로 썰어준 다음, 숟가락으로 애호박의 속을 파낸다.

2

애호박 속, 버섯, 당근을 잘게 다진다.

3

볼에 물기를 뺀 두부와 다진 채소, 들깻가루 1스푼, 소금과 후추를 약간 넣고 버무려준다.

4

애호박의 안쪽 면에 전분가루를 가볍게 묻혀준 다음, 3번의 두부소를 꼭꼭 담아 넣어준다.

5

찜기에 10분간 쪄주면 완성! 한김 식힌 다음, 먹기 좋은 크기로 잘라 간장에 찍어 먹는다.

담백한 건강 반찬

05

가지채소구이

채소 본연의 맛을 온전히 즐길 수 있는 가지채소구이. 고소하고 짭조름한 간장 양념과 살짝 구운 채소들의 아삭한 맛이 잘 어우러져요. 부담스럽지 않은 반찬이 필요한 날, 입맛 없는 날 추천해요.

Ingredients

가지 1개
(150g)

애호박 1/3개
(100g)

양송이버섯 2개

참기름

통깨

+ 양념장

간장 3스푼

올리고당 2스푼

맛술 1스푼

다진 마늘 1스푼

다진 대파 1스푼

Recipe

1

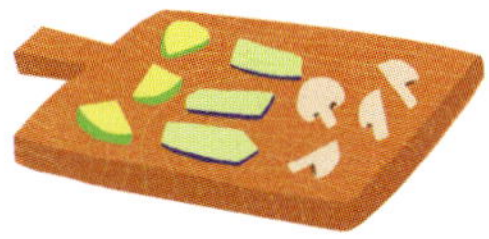

가지, 애호박, 양송이버섯을 한입 크기로 썰어준다.

2

달군 팬에 식용유를 두르고 가지, 애호박, 양송이 버섯을 넣고 볶아 준다.

3

채소가 반쯤 익으면 양념장을 넣고 빠르게 익혀준다.

4

채소가 잘 익으면 참기름 1스푼, 통깨를 둘러주면 완성!

입맛 없는 날 톡 쏘는 한 그릇

06

버섯 냉채

톡 쏘는 양념이 매력적인 버섯 냉채. 새콤달콤한 양념이 특히 여름에 잘 어울리는 반찬이에요. 느타리버섯의 부드럽고 풍부한 식감과 숙주나물이 잘 어우러져 자꾸만 당기는 톡 쏘는 맛을 내준답니다.

Ingredients

느타리버섯
(100g)

숙주나물
(100g)

오이
(25g)

파프리카
(30g)

소금

통깨

+ 소스

연겨자 2스푼

식초 2스푼

간장 1스푼

다진 마늘 약간

설탕 2스푼

물 2스푼

Recipe

1

느타리버섯은 밑동을 제거한 다음 결대로 찢어주고, 오이와 파프리카는 채 썰어준다.

2

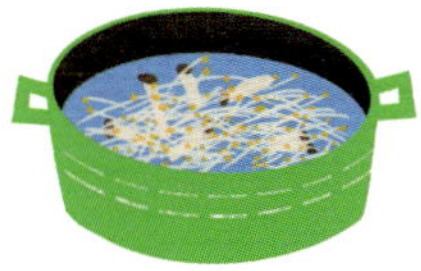

끓는 물에 소금 1스푼을 넣고 느타리버섯, 숙주나물을 데친 다음, 찬물에 씻어 물기를 꽉 짜준다.

3

볼에 느타리버섯, 숙주나물, 오이, 파프리카, 냉채 소스를 담고 무쳐준다.

4

모자라는 간은 소금으로 하고, 깨를 뿌려주면 완성!

한 그릇 요리

다른 반찬 없이 한 그릇만 먹어도 배가 든든해지는 한 그릇 채소 요리들. 자연 그대로의 식재료들을 오롯이 담아 건강해지는 느낌이 들어요. 든든하지만 간편하게 한 끼 식사를 하고 싶은 날 추천해요.

풋풋한 한 그릇

01

새싹연두부 비빔밥

봄에 어울리는 풋풋한 한 끼 식사, 새싹연두부 비빔밥. 새싹채소 외에 샐러드나 좋아하는 채소를 넣어서 먹어도 좋고, 채소 없이 연두부와 밥만 비벼 먹어도 맛있게 먹을 수 있어요. 싱그럽고 풋풋한 한 끼를 입안 가득 즐겨보세요.

Ingredients

새싹채소
(20g)

연두부
(90g)

밥

+ 양념장

간장 1스푼

참기름 1스푼

고춧가루 0.5스푼

설탕 0.5스푼

통깨 약간

물 2스푼

Recipe

1

새싹채소는 흐르는 물에 깨끗이 씻어 물기를 빼주고, 연두부는 한 입 크기로 잘라준다.

2

그릇에 밥을 담고 새싹채소와 연두부를 올린다.

3

양념장을 곁들여 비벼 먹으면 완성!

부드럽고 든든하게 즐겨요

02

달걀양파 덮밥

일본 친구에게 직접 배운 가정식 달걀덮밥 레시피에 양파를 듬뿍 넣어 달달한 맛과 식감을 더했어요. 냉장고에 늘 있는 재료인 달걀과 양파만 넣어도 풍부한 맛을 느낄 수 있고, 요리 초보도 만들 수 있는 초간단 레시피여서 누구나 손쉽게 즐길 수 있어요.

Ingredients

달걀 2개

양파 1/4개
(50g)

쪽파
(10g)

간장

설탕

밥

Recipe

1

양파는 얇게 채 썰고, 쪽파는 송송 썰어준다.

2

달걀은 깨뜨려 달걀물을 만들어 준다.

3

달군 팬에 식용유를 두르고, 양파를 볶다가 투명해지기 시작하면 물 50ml, 설탕 1스푼, 간장 3스푼을 넣고 끓여준다.

4

국물이 끓어오르면 약한불로 줄이고 달걀물을 둘러준 다음, 반 이상 익을 때까지 뚜껑을 덮어준다.

5

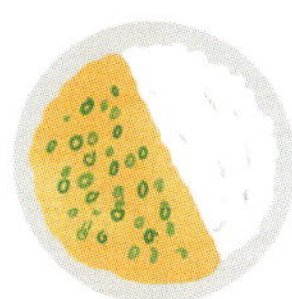

그릇에 밥을 담고 달걀양파 소스를 흐트러지지 않게 올린 다음 쪽파를 뿌려주면 완성!

고소한 마늘칩이 듬뿍!

03

마늘칩 볶음밥

한국인이 가장 사랑하는 채소인 마늘. 에어프라이어를 이용해 구운 고소한 마늘칩을 듬뿍 올려 담백하게 만든 볶음밥이에요. 마늘칩은 한꺼번에 많이 만들어 지퍼백에 넣어 냉동실에 보관한 다음, 파스타나 카레 등을 먹을 때 올려 먹어도 좋아요.

Ingredients

마늘 7알

달걀 2개

대파 1/2개

올리브오일

굴소스

밥

Recipe

1

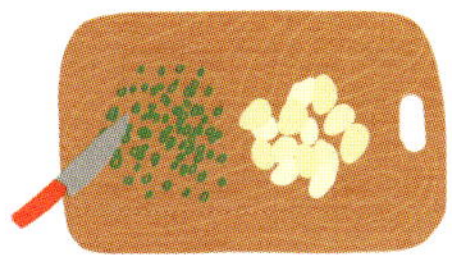

마늘은 편 썰고, 대파는 송송 썰어준다.

2

편마늘은 찬물에 5분 이상 담가 전분기를 제거한 후 물기를 제거해준다.

3

에어프라이어에 편마늘을 겹치지 않도록 넣고, 올리브오일을 가볍게 뿌린 다음 140도에서 10분, 뒤집어서 5분 더 구워준다.

4

달걀 2개를 잘 풀어 밥 한 공기와 섞어준다.

5

달군 팬에 식용유와 대파를 넣고 볶다가 파 향이 올라오기 시작하면 4번의 달걀밥, 굴소스 1스푼을 넣고 센 불에서 볶아준다.

6

그릇에 고슬고슬해진 볶음밥을 담고, 3번의 마늘칩을 수북이 올려주면 완성!

자연 그대로 담은 한 끼 식사

04

두부브로콜리 덮밥

건강함을 듬뿍 담은 한 그릇 요리, 두부브로콜리 덮밥. 구워서 더 담백해진 두부와 식감이 좋은 브로콜리, 고소한 양념이 정말 잘 어울려요. 초록초록한 브로콜리의 색감이 예뻐서 자연을 그대로 담은 느낌이에요.

Ingredients

두부
(130g)

브로콜리
(50g)

양파
(40g)

소금

밥

+ 양념장

간장 3스푼

식초 1스푼

참기름 1스푼

다진 마늘 1스푼

설탕 1.5스푼

Recipe

1

물기를 제거한 두부와 브로콜리는 한입 크기로 자르고, 양파는 채 썰어준다.

2

끓는 물에 브로콜리와 소금 약간을 넣고 1분간 데친다.

3

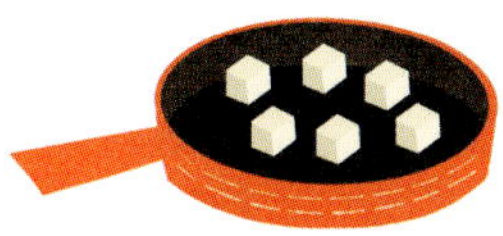

달군 팬에 식용유를 두르고 센 불에서 두부의 모든 면이 노릇해지도록 구운 다음, 기름기를 제거해준다.

4

다른 팬에 식용유를 두르고 브로콜리와 양파를 넣고 볶다가, 구운 두부와 양념장을 넣고 살짝 졸여준다.

5

그릇에 밥을 담고 두부브로콜리 소스를 올려주면 완성!

부드러운 가지의 매력

가지 덮밥

05

채소 요리에 두루 쓰이는 채소 중 하나인 가지는 익히는 방법에 따라 식감이 달라져서 다양한 맛을 즐길 수 있고, 한식이나 양식 어디에나 잘 어울리는 착한 채소예요. 마른 팬에 구워 더욱 쫄깃해진 식감의 가지에 고추장 양념을 더해 매력적으로 변신한 가지 덮밥. 든든한 한 그릇 요리로 추천해요.

Ingredients

가지 1개
(150g)

쪽파
(15g)

참기름

통깨

밥

+ 양념장

고추장 1스푼

간장 1스푼

올리고당 1스푼

식초 1스푼

맛술 1스푼

다진 마늘 1스푼

고춧가루 1스푼

설탕 2스푼

Recipe

1

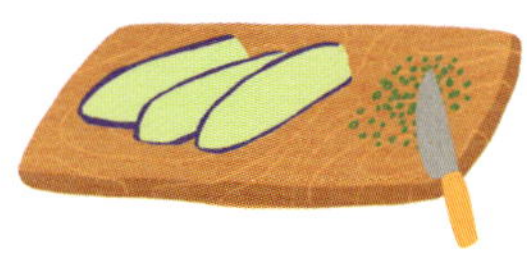

가지를 길게 슬라이스한 다음 반으로 자르고, 쪽파는 송송 썰어준다.

2

마른 팬에 가지를 올리고 약한 불에서 구워 수분을 제거해준다.

3

가지가 반쯤 익으면 양념장을 넣고 졸여준다.

4

그릇에 밥을 담고 가지를 가지런히 올려준 다음, 참기름 1스푼, 쪽파, 통깨를 뿌려주면 완성!

한식 별미

안 먹은 사람은 있어도 한 번만 먹은 사람은 없다는 별미요리들. 유명 한식 별미요리 레시피에서 고기를 빼고 채소를 추가해서 새롭게 재탄생시켰어요. 조금 특별한 식사를 즐기고 싶은 날 즐겨보세요.

자꾸만 손이 가는 매콤함

01

땡초 김밥

땡초를 넣어 매력적인 매운맛이 일품인 진주의 땡초 김밥을 어묵을 빼고 채소만을 넣어 만들었어요. 자꾸만 손이 가는 중독적인 매운맛이 매력적이에요. 매운 음식을 잘 못 드시는 분들은 청양고추의 양을 조절해주세요.

Ingredients

청양고추 4~5개

당근
(20g)

단무지
(10g)

김밥 김

참기름

깨

밥

+ 양념장

간장 2스푼

올리고당 1스푼

다진 마늘 0.5스푼

Recipe

1

청양고추는 반으로 갈라 씨를 제거한 다음 당근, 단무지와 함께 잘게 다져준다.

2

달군 팬에 식용유를 두르고 청양고추, 당근, 양념장을 넣고 볶아준다.

3

재료가 고루 익으면 불을 끄고 다진 단무지와 밥을 넣고 섞어준다.

4

김밥 김에 양념한 밥을 넉넉하게 올리고 김밥 모양으로 돌돌 말아준다.

5

참기름을 바르고 통깨를 뿌려준 다음, 먹기 좋은 크기로 잘라주면 완성!

소박하지만 매력적이야

02

애호박 국수

애호박 하나를 온전히 담아 단맛이 매력적인 애호박 국수. 흔히 볼 수 없는 이색 국수인 애호박 국수는 소박하지만 계속 당기는 양념이 굉장히 별미예요. 재료가 많이 들어가지 않아 만들기도 간편해요.

Ingredients

애호박 1개
(350g)

소면
(100g)

들기름

통깨

+ 양념장

간장 2스푼

고춧가루 1스푼

다진 마늘 1스푼

설탕 0.5스푼

소금 약간

후추 약간

Recipe

1

애호박을 얇게 채 썰어준다.

2

끓는 물에 소면을 4분 30초간 삶은 다음, 찬물에 행군 후 물기를 빼준다.

3

달군 팬에 들기름을 가볍게 두르고, 애호박채를 넣고 센 불에서 볶아준다.

4

애호박이 반쯤 익으면 양념장, 물 3스푼을 넣고 잘 섞어가면 볶아준다.

5

그릇에 소면을 담고 애호박볶음을 올린 다음, 통깨를 뿌려주면 완성!

담백한 간장 비빔국수

03

들기름 막국수

담백하고 고소한 맛이 일품인 들기름 막국수. 들기름 특유의 고소한 풍미와 건강한 메밀면이 만나 자꾸자꾸 생각나는 매력이 있어요. 간단한 재료로 만들었지만, 맛볼수록 당기는 맛이 매력적이에요.

Ingredients

메밀국수
(100g)

쪽파

김가루

통깨

+ 양념장

들기름 3스푼

간장 1.5스푼

설탕 0.5스푼

Recipe

1

메밀국수는 끓는 물에 6~7분 동안 삶은 다음, 찬물에 헹궈 물기를 빼준다.

2

통깨는 반쯤 갈아준다.

3

쪽파는 송송 썰어준다.

4

그릇에 메밀국수와 소스를 올린 다음 통깨, 김가루, 쪽파를 취향껏 솔솔 뿌려주면 완성!

쫀득쫀득 단짠의 매력

04

감자떡

일본식 감자떡 이모모찌를 한국식 간장 양념으로 재해석했어요. 으깬 감자의 부드러운 식감과 단짠단짠한 간장 양념이 만나 쫀득한 식감을 즐길 수 있어요. 반죽에 옥수수알이나 모짜렐라 치즈를 넣어 다양한 맛으로 즐겨보세요.

Ingredients

 감자 4개 (500g)

 전분가루

 파마산 치즈 가루

 버터

 마른 김

 소금

+ 소스

 간장 2스푼

 올리고당 2스푼

 물 2스푼

Recipe

1

감자는 껍질을 벗기고 듬성듬성 자른 다음, 끓는 물에 20분 이상 삶아 완전히 익혀준다.

2

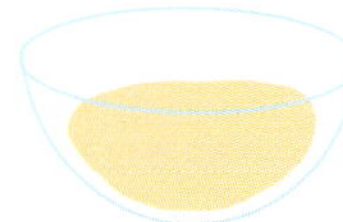

볼에 삶은 감자, 전분가루 4스푼, 파마산 치즈 가루 2스푼, 소금 약간을 넣고 으깨가며 섞어 반죽을 만들어준다.

3

잘 섞인 반죽은 적당한 크기로 떼어내 동글납작하게 빚어준다.

4

달군 팬에 식용유를 가볍게 두른 다음, 중약불에서 앞뒤로 노릇노릇 구워준다.

5

감자떡이 노릇해지면 소스와 버터 한 조각을 넣고 졸여준다.

6

잘 졸여진 감자떡에 김을 잘라 장식해주면 완성!

고소한 김 스낵

05

김과자

마른 김으로 만든 고소한 김과자. 고소하고 달달해서 간단하게 과자로 먹기에도 좋고 간단한 맥주 안주로도 맛있게 즐길 수 있어요. 오래돼서 먹기 애매한 맛없는 김으로 만들어보세요.

Ingredients

마른 김

꿀

참기름

통깨

Recipe

1

마른 김 위에 꿀을 얇게 펴 발라 준다.

2

꿀을 바른 김 위에 다른 김을 올리고 꾹꾹 눌러 붙여준다.

3

참기름을 얇게 펴 바른 다음, 참깨를 솔솔 뿌려준다.

4

마른 팬에서 앞뒤로 노릇노릇 구운 다음, 먹기 좋은 크기로 잘라 주면 완성!

건강 아기 간식

06

떡뻥

남은 떡국 떡이 많을 때 만들어 먹기 좋은 떡뻥. 에어프라이어만 있으면 간단하게 만들 수 있어요. 영양가도 좋고 다른 첨가물이 없어서 아기 간식으로 특히 좋아요.

Ingredients

떡국 떡

꿀

Recipe

1

떡국 떡은 흐르는 물에 가볍게 씻은 다음, 물기를 제거해준다.

2

에어프라이어에 떡국 떡을 겹치지 않도록 펼쳐 올려준다.

3

에어프라이어 180도에서 10분 동안 구운 다음, 꿀을 찍어 먹으면 완성!

고기가 없어도 충분해!

홈스토랑 요리

PART 3

고기가 없어도 홈스토랑을 만들어주는 특별한 레시피. 고기를 즐겨 먹는 사람도 맛있게 즐길 수 있는 특별한 채소 요리를 준비했어요. 맛은 물론 비주얼까지 든든하게 챙긴 홈스토랑 채소 요리들. 특별한 날, 홈스토랑에서 즐겨보세요.

SPAGhetini
BUTTER
SWEET CORN
Lemon
PARMESAN
PEPERONCINO WHOLE
MAYO NNAISE

파스타
&
피자

채소 본연의 맛과 식감을 살리고 예쁜 비주얼까지 한 번에 챙긴 파스타와 피자들. 레스토랑에서 먹는 것처럼 예쁘게 먹을 수 있는 데다 만들기 어렵지 않아 데일리 홈스토랑 요리로 적극 추천해요.

풋풋한 매력의 오일 파스타

01

마늘쫑 파스타

간단하게 만들어 먹을 수 있는 오일 파스타에 마늘쫑을 넣어 아삭한 식감을 살렸어요. 특히 마늘쫑이 제철인 5월에 추천하는 푸릇푸릇한 요리예요.

Ingredients

스파게티면
(100g)

마늘쫑
(50g)

마늘 7알

페페론치노 3개

올리브오일

소금

후추

Recipe

1

마늘쫑은 먹기 좋은 크기로 자르고, 마늘은 편 썰어준다.

2

끓는 물에 소금 약간, 스파게티면을 넣고 8분 동안 삶은 다음, 물기를 빼준다(면수는 버리지 말고 보관해주세요).

3

달군 팬에 올리브오일을 넉넉히 두르고 편마늘을 넣고 볶아준다.

4

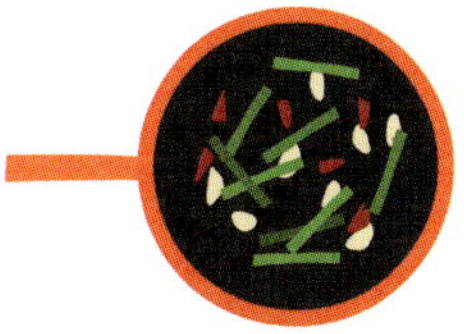

마늘 향이 올라오기 시작하면 페페론치노를 손으로 부셔 넣고, 마늘쫑과 함께 볶아준다.

5

마늘쫑이 익으면 스파게티면과 면수 1국자를 넣고 볶아준다.

6

모자란 간은 소금, 후추로 해주면 완성!

예쁜 색감이 매력적이야

02

단호박 크림파스타

미니 단호박을 온전히 담아 노란 소스가 매력적인 단호박 크림파스타. 단호박과 생크림의 단맛이 잘 어우러져 달콤한 한 끼 식사를 즐길 수 있어요. 손님 초대 요리나 특별한 날에 매우 잘 어울리는 요리예요.

Ingredients

스파게티면
(100g)

미니 단호박

양파
(30g)

생크림
(100ml)

우유
(200ml)

버터

소금

Recipe

1

끓는 물에 소금 1스푼, 스파게티면을 넣고 8분 동안 삶은 다음 물기를 빼준다.

2

양파는 얇게 채 썰어준다.

3

단호박을 전자레인지에 5분 동안 돌린 다음, 껍질을 제거하고 반으로 갈라 씨를 파낸 후 듬성듬성 잘라준다.

4

믹서기에 단호박, 우유 200ml, 생크림 100ml를 넣고 갈아준다.

5

달군 팬에 버터 1조각, 양파채를 넣고 볶아준다.

6

양파가 투명해지기 시작하면 단호박 크림소스와 스파게티면을 넣고 한 번 더 볶아주면 완성!

쫀득한 뇨끼의 매력

03

감자뇨끼 파스타

감자뇨끼는 우리나라의 수제비와 비슷한 느낌의 이탈리아 요리예요. 손이 많이 가지만 그만큼 쫀득하고 든든한 매력이 일품이라 한번 맛본 사람들은 계속해서 찾는다고 해요. 크림소스와 특히 어울리는 감자뇨끼! 색다른 파스타의 매력을 느껴보세요.

Ingredients

감자
(300g)

달걀 1개

크림파스타 소스

밀가루
(100g)

버터

소금

Recipe

1

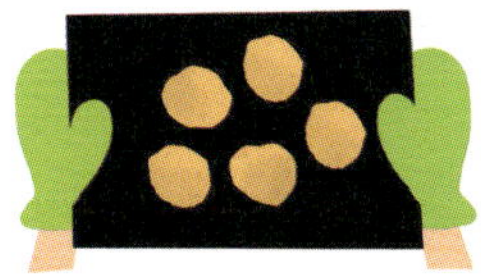

감자는 에어프라이어 180도에 30분 동안 구워준 다음 껍질을 벗겨준다.

2

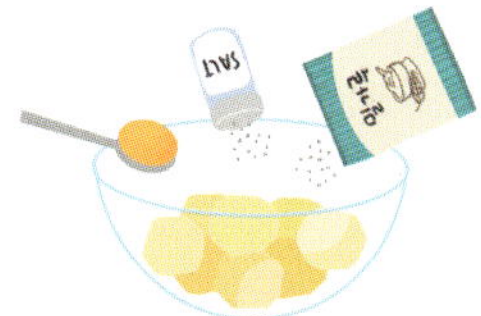

볼에 감자를 담고 으깬 다음, 밀가루, 달걀노른자, 소금 약간을 넣고 반죽해준다.

3

반죽한 감자는 적당한 크기로 떼어내 동그랗게 모양을 잡아 감자뇨끼를 만들어준다.

4

끓는 물에 감자뇨끼를 넣고 삶다가 뇨끼가 떠오르면 건져 물기를 빼준다.

5

달군 팬에 버터 1조각을 녹인 다음, 삶은 뇨끼를 넣고 앞뒤로 노릇하게 구워준다.

6

다른 팬에 크림파스타 소스를 넣고 끓인 다음 그릇에 담고, 감자뇨끼를 올리면 완성!

깔끔한 매력 가득

04

시금치 피자

가벼운 맛의 피자를 즐기고 싶은 날 추천하는 시금치 피자. 데치지 않고 생으로 올린 시금치에서 단맛이 올라와 상큼하게 즐길 수 있어요. 흔히 먹는 토마토소스 베이스의 피자가 아니라, 무겁지 않고 특유의 깔끔한 맛이 자꾸 생각나는 피자예요.

Ingredients

시금치
(30g)

토마토 1/2개
(70g)

양파
(20g)

파마산 치즈 가루

또띠아

+ 소스

마요네즈 2.5스푼

레몬즙 1스푼

다진 마늘 0.5스푼

Recipe

1

시금치는 지저분한 부분을 정리한 다음, 깨끗하게 씻어 한입 크기로 잘라준다.

2

양파는 채 썰고, 토마토는 한입 크기로 잘라준다.

3

또띠아에 소스를 얇게 펴 발라준다.

4

또띠아 위에 양파채를 올리고 에어프라이어 180도에서 8분 동안 구워준다.

5

잘 구워진 피자 위에 시금치와 토마토를 올리고, 파마산 치즈 가루를 취향껏 뿌려주면 완성!

누구나 좋아하는 레시피

05

옥수수 피자

호불호 없이 누구나 좋아하는 옥수수 피자. 옥수수 콘샐러드를 듬뿍 올려 구워 단맛이 풍부하게 올라왔어요. 가볍게 먹는 간식으로도, 안주로도 언제 어느 때, 누구와 먹어도 만족할 수 있는 레시피예요.

Ingredients

옥수수 통조림
(100g)

파프리카
(30g)

양파
(15g)

모짜렐라 치즈
(70g)

마요네즈

레몬즙

설탕

또띠아

Recipe

1

통조림 속 옥수수는 체에 밭쳐 물기를 빼준다.

2

파프리카, 양파는 잘게 다져준다.

3

볼에 옥수수, 파프리카, 양파, 마요네즈 2스푼, 설탕 1스푼, 레몬즙 약간을 넣고 버무려 콘샐러드를 만든다.

4

또띠아 ⇨ 모짜렐라 치즈 ⇨ 또띠아 ⇨ 콘샐러드 ⇨ 모짜렐라 치즈 순으로 올려준다.

5

에어프라이어 180도에서 10분 동안 구워주면 완성!

홈자카야

채소로 만든 일식 요리들. 매일 먹어도 좋을 평범한 집밥 레시피부터 안주나 간식으로 먹어도 좋은 레시피까지 다양하게 만들어보았어요. 조금 색다른 음식을 먹고 싶은 날 즐겨보세요.

건강한 한 끼 식사

01

채소 초밥

본연의 맛과 단맛이 풍부해진 구운 채소에 달콤한 간장 소스를 더했어요. 강한 열에 구워 부드러워진 채소의 맛과 예쁜 색감, 모양이 잘 어우러져 특별한 식사를 즐기고 싶은 날 어울려요. 냉장고 속 다양한 자투리 채소로 만들어보세요.

Ingredients

파프리카

가지

새송이버섯

식초

설탕

소금

와사비

밥

+ 조림 소스

간장 1스푼

맛술 1스푼

설탕 1스푼

물 1스푼

Recipe

1

파프리카는 씨를 제거하고 6등분한다. 가지, 새송이버섯은 얇게 슬라이스해준다.

2

파프리카는 에어프라이어 200도에서 20분 동안 구워 한 김 식힌 다음, 껍질을 벗겨준다.

3

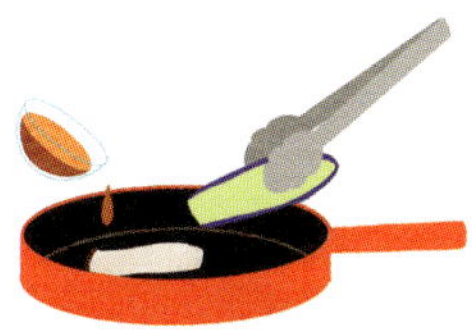

달군 팬에 조림 소스를 넣고 끓이다가 소스가 끓어오르면 새송이버섯, 가지를 넣고 약한 불에서 완전히 졸여준다.

4

밥에 식초 3스푼, 설탕 1.5스푼, 소금 약간을 넣고 잘 섞어준 다음, 먹기 좋은 크기로 초밥을 만들어준다.

5

밥 위에 와사비를 살짝 올리고, 준비된 채소들을 올려주면 완성!

질리지 않는 달콤함

02

토마토 카레라이스

고기 대신 토마토를 넣어 만든 토마토 카레라이스. 토마토 본연의 단맛, 짠맛 그리고 감칠맛이 올라와 카레의 풍미를 더해줘요. 매일 먹어도 질리지 않는 달콤한 맛을 즐겨보세요.

Ingredients

고형 카레

토마토 1개
(140g)

양파
(50g)

당근
(50g)

밥

Recipe

1

양파는 채 썰고, 당근과 토마토는 한입 크기로 썰어준다.

2

달군 팬에 식용유를 두르고 양파채와 당근을 넣고 볶아준다.

3

당근이 익으면 고형 카레 1조각과 물 200ml를 넣고 약불에서 잘 저어주며 풀어준다.

4

카레 소스가 끓기 시작하면 토마토를 넣고 한소끔 더 끓여준다.

5

그릇에 밥을 담고 토마토 카레를 올려주면 완성!

담백하고 든든한 면 요리

03

두부카레우동나베

카레를 색다르게 먹는 방법, 우동면을 넣은 카레에 담백하게 구운 두부를 올려 든든하게 만들어보았어요. 우동면과 카레 소스, 고소하게 구워진 두부가 굉장히 잘 어울려요. 우유가 들어가 더 부드러워진 카레의 맛을 즐겨보세요.

Ingredients

고형 카레

우동면
(1인분)

두부
(100g)

양파
(50g)

당근
(20g)

우유
(200ml)

버터

Recipe

1

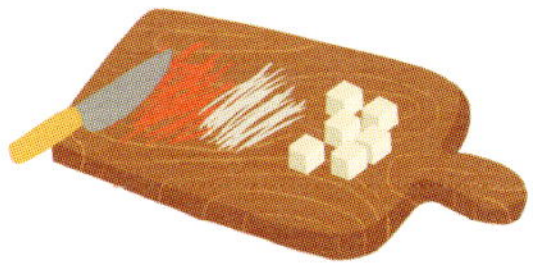

두부는 물기를 제거한 다음 큐브 모양으로 자르고, 양파와 당근은 채 썰어준다.

2

달군 팬에 식용유를 두르고 두부의 모든 면이 노릇해지도록 구운 다음, 키친타월에 올려 기름기를 제거해준다.

3

끓는 물에 우동면을 3분 동안 삶은 다음, 찬물에 헹궈 물기를 빼준다.

4

달군 팬에 식용유를 두르고 양파채를 볶다 갈색으로 변하기 시작하면 당근채, 버터 약간을 넣고 볶아준다.

5

당근이 반쯤 익으면 물 200ml, 우유 200ml, 고형 카레 2조각을 넣고 잘 저어주며 풀어준다.

6

그릇에 우동면과 카레 소스를 담은 다음, 구운 두부를 올려주면 완성!

부담스럽지 않은 야식

04

가지된장구이 꼬치

구운 가지에 된장 소스를 발라 짭짤한 맛을 살린 가지된장구이 꼬치. 구운 가지의 담백한 맛과 된장 소스, 알싸한 쪽파가 잘 어우러져 감칠맛이 일품이에요. 된장 대신 미소(일본식 된장)를 사용해도 맛있어요.

Ingredients

가지 1개
(150g)

쪽파
(10g)

+ 소스

된장 1.5스푼

맛술 2.5스푼

설탕 2스푼

Recipe

1

가지는 2cm 두께로 자르고 쪽파는 송송 썰어준다.

2

달군 팬에 식용유를 가볍게 두르고 가지를 구워준다.

3

잘 익은 가지는 한 김 식힌 후 꼬치에 꽂아준 다음, 된장 소스를 발라준다.

4

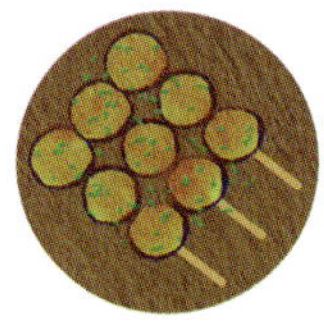

그릇에 가지된장 꼬치를 올리고 쪽파를 뿌려주면 완성!

일본식 부침개 요리

05

오꼬노미야키

일본 어디에서나 먹을 수 있는 부침개 요리, 오꼬노미야키. 양배추와 숙주나물을 듬뿍 넣어 아삭한 식감을 살리고 중독적인 맛의 데리야키 소스를 올려 만들었어요. 야식으로, 안주로도 언제 어떻게 먹어도 맛있는 채소 듬뿍 오꼬노미야키. 양배추 소진 요리로도 추천해요.

Ingredients

양배추
(80g)

숙주나물
(40g)

양송이버섯 2개

양파
(50g)

부침가루

데리야키 소스

마요네즈

Recipe

1

숙주나물은 지저분한 부분을 제거하고 깨끗이 씻어 물기를 빼준다.

2

양배추, 양송이버섯, 양파는 채 썰어준다.

3

부침가루 80g, 물 120ml를 섞은 다음, 준비한 채소를 넣어 반죽을 만들어준다.

4

달군 팬에 식용유를 두르고 반죽을 적당히 올린 다음, 앞뒤로 노릇노릇 구워준다.

5

잘 익은 오꼬노미야키를 그릇에 담고 데리야키 소스와 마요네즈를 취향껏 뿌려주면 완성!

PETIT BRIE

무국적 요리

채소를 싫어하는 사람이라도 누구나 즐겁게 먹을 수 있는 다양한 나라의 채소 요리들. 평소에 접하기 어려운 요리는 물론, 비주얼이 예쁜 요리들이 많아 손님 초대 요리로 특히 추천해요. 와인과 함께하면 더욱 어울려요.

이탈리아식 가지 요리

01

가지 롤라티니

가지를 싫어하는 사람도 맛있게 먹을 수 있는 이탈리아식 가지 요리, 가지 롤라티니. 취향에 맞는 다양한 재료와 치즈를 넣어서 만들 수 있어요. 만들기도 어렵지 않고, 동글동글한 모양이 예뻐서 파티 요리로 추천해요.

Ingredients

가지 1/2개

시금치
(30g)

리코타 치즈
(120g)

토마토소스
(100g)

Recipe

1

가지는 꼭지를 잘라내고, 감자 칼을 이용해 길게 슬라이스해준다.

2

마른 팬에 가지를 앞뒤로 가볍게 구워 수분을 제거해준다.

3

끓는 물에 시금치를 가볍게 데친 다음 물기를 꼭 짠 후, 다져준다.

4

다진 시금치를 리코타 치즈에 섞어준다.

5

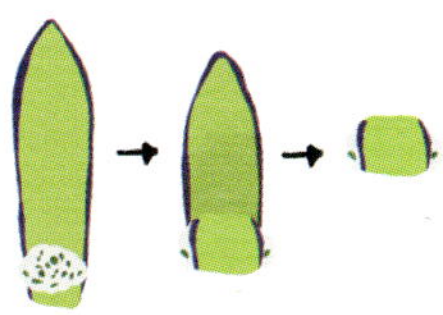

슬라이스한 가지에 시금치, 리코타 치즈를 올리고 돌돌 말아준다.

6

내열용기에 토마토소스를 깔고 가지롤을 올린 다음 에어프라이어 170도에 10분 동안 구워주면 완성!

쫀득한 매력

02

두부 월남쌈

전분가루를 묻혀 구운 두부의 쫄깃함과 담백한 맛이 일품인 두부 월남쌈. 고기 대신 넣은 두부와 채소의 건강한 맛이 잘 어울려요. 좋아하는 채소를 듬뿍 넣어 즐겨보세요.

Ingredients

두부
(100g)

파프리카 1/4개

양배추
(20g)

단무지 3줄

라이스페이퍼

전분가루

칠리소스

Recipe

1

키친타월을 이용해 두부의 수분을 제거한 다음, 라이스페이퍼 길이에 맞춰 한입 크기로 잘라준다.

2

두부의 겉면에 전분가루를 가볍게 묻힌 다음, 달군 팬에 식용유를 두르고 노릇하게 구워준다.

3

파프리카와 단무지는 두부와 비슷한 크기로 자르고, 양배추는 채 썰어준다.

4

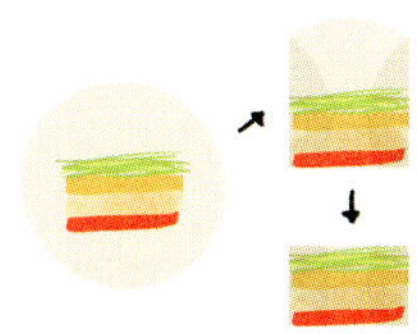

미지근한 물에 라이스페이퍼를 담가 부드러워지면 꺼내 준비한 재료들을 올리고 그림과 같이 순서대로 접어 돌돌 말아준다.

5

먹기 좋은 크기로 자르면 완성!
칠리소스에 찍어 먹는다.

담백한 풍미 가득 멕시코 요리

03

버섯 타코

고기 대신 볶은 버섯을 넣어 담백한 풍미와 식감이 매력적인 버섯 타코. 담백한 고기 식감의 버섯과 부드러운 아보카도의 궁합이 참 좋아요. 색다른 버섯 요리를 먹고 싶은 날 추천해요.

Ingredients

느타리버섯
(70g)

아보카도 1/2개
(100g)

양파
(20g)

또띠아

소금

후추

+ 살사 소스

다진 토마토
(30g)

양파
(20g)

레몬즙 2스푼

올리브오일 1스푼

다진 할라페뇨

소금 약간

Recipe

1

아보카도는 반으로 갈라 씨를 제거한 다음, 과육만 분리해 얇게 슬라이스해준다.

2

양파는 채 썰고, 느타리버섯은 밑동을 제거하고 결대로 찢어준다.

3

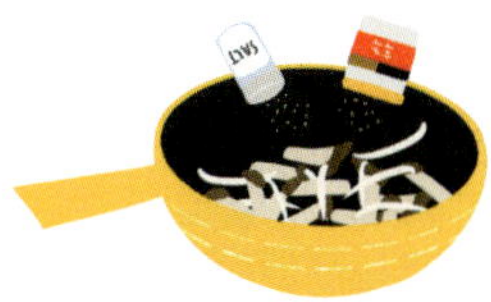

달군 팬에 식용유를 두르고 버섯, 양파, 소금, 후추 약간을 넣고 볶아준다.

4

또띠아는 30초간 전자레인지에 돌리거나, 마른 팬에 가볍게 구워준다.

5

또띠아의 반쪽 면에 아보카도, 버섯양파볶음, 살사 소스를 올린 다음 반으로 접으면 완성!

손이 가요 손이 가~

04

과카몰리와 감자칩

자꾸만 손이 가는 홈메이드 간식, 과카몰리와 감자칩. 직접 구워 담백하고 고소한 감자칩에 상큼하고 부드러운 과카몰리를 듬뿍 찍어 먹어요. 집에서 만들어 건강하고, 감자 본연의 맛을 느낄 수 있어 담백하고 고소해요. 과카몰리 없이 감자칩만 만들어 먹어도 좋아요.

Ingredients

- 감자 1개
- 아보카도 1개 (200g)
- 토마토 1/2개 (70g)
- 양파 1/4개 (25g)
- 올리브오일
- 레몬즙
- 소금
- 후추

Recipe

1

토마토, 양파를 잘게 다져준다.

2

아보카도는 씨를 제거하고 과육만 분리해 그릇에 담아 으깨준다.

3

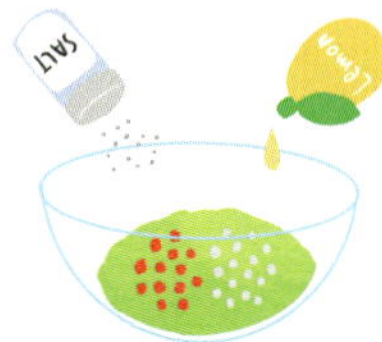

으깬 아보카도에 다진 토마토, 양파, 레몬즙 3스푼, 소금 약간을 넣어 과카몰리를 만들어준다.

4

감자는 얇게 슬라이스한 다음, 찬물에 10분 이상 담가 전분기를 제거한 다음 수분을 제거해준다.

5

에어프라이어에 감자칩을 겹치지 않도록 펼쳐 올리고, 후추와 올리브 오일을 가볍게 뿌려준다.

6

에어프라이어 170도에서 10분 동안 구워주면 완성! 과카몰리를 곁들여 먹는다.

Tip.

감자의 물기를 완전히 제거해야 더 바삭바삭한 감자칩을 먹을 수 있어요!

와인과 페어링하기 좋아요

05

살구 치즈구이

만들기 간편하고, 맛도 모양도 좋은 살구 치즈구이. 견과류를 살짝 뿌리면 구운 살구의 달콤한 맛이 더욱 풍부해져요. 살구철이 아닐 때에는 냉동 살구를 이용해 간편하게 만들어 와인과 함께 페어링하면 궁합이 아주 좋아요. 브리 치즈 외에도 크림치즈나 까망베르 치즈를 이용해도 맛있어요.

Ingredients

살구

브리 치즈

견과류

버터

설탕

Recipe

1

살구는 반으로 갈라 씨를 제거해 준다.

2

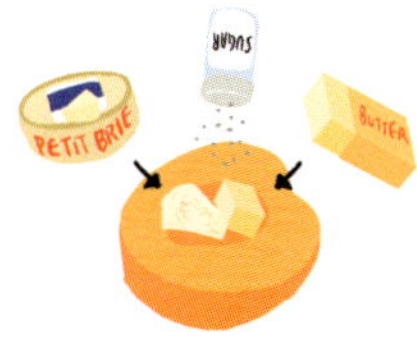

살구의 절단면에 버터 약간과 브리 치즈를 듬뿍 올린 다음, 설탕을 가볍게 뿌리고 에어프라이어 180도에 8분 동안 구워준다.

3

살구가 구워지는 동안 견과류를 다져준다.

4

잘 구워진 살구 치즈구이에 다진 견과류를 뿌려주면 완성!

곶감과 치즈의 완벽한 조합

06

곶감 치즈말이

곶감으로 만든 퓨전 디저트 곶감 치즈말이. 명절이 끝나고 남은 곶감으로 만들어 이색적인 맛을 즐겨보세요. 곶감의 새로운 매력과 치즈와의 완벽한 궁합을 느낄 수 있어요. 특히 와인 안주로 정말 잘 어울려요. 남은 곶감 속은 고추장, 매실액 등과 섞어 곶감장을 만들어 밥에 비벼 먹으면 맛있어요.

Ingredients

곶감 4개

호두

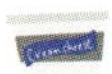

크림치즈
(60g)

Recipe

1

곶감은 꼭지를 자르고 반으로 갈라 넓게 펼쳐준다.

2

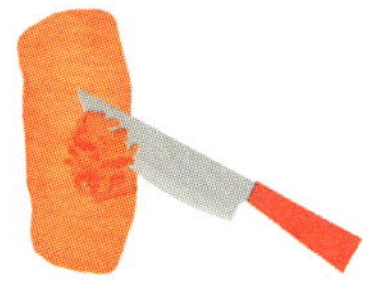

칼로 곶감 속과 씨를 칼로 긁어내 평평하게 만들어준다.

3

랩을 깔고, 곶감을 살짝 겹쳐 올린 다음 크림치즈를 바르고 호두를 올려준다.

4

김밥을 말 듯 돌돌 말아 랩으로 감싸준다.

5

냉장고에 30분 이상 넣어 굳혀준 다음, 한입 크기로 잘라주면 완성!

PETIT BRIE

고기가 없어도
맛있어

초판 1쇄 발행 2022년 9월 30일

지은이 김미주
사진 민천원
펴낸이 이지은
펴낸곳 팜파스
진행 이진아
편집 정은아
디자인 타입타이포
마케팅 김민경, 김서희
인쇄 케이피알커뮤니케이션

출판등록 2002년 12월 30일 제10-2536호
주소 서울시 마포구 어울마당로5길 18 팜파스빌딩 2층
대표전화 02-335-3681 **팩스** 02-335-3743
홈페이지 www.pampasbook.com | blog.naver.com/pampasbook
인스타그램 www.instagram.com/pampasbook
이메일 pampas@pampasbook.com

값 15,000원
ISBN 979-11-7026-512-2 (13590)